托比有颗善良的心

爸爸妈妈焦点指南

看见别的孩子哭，宝宝是

看见别人受伤，宝宝会

如果妈妈情绪低落，宝宝是不是也不高兴？

有时候，您是不是觉得宝宝过于敏感和脆弱？

其实，这是因为宝宝有一颗同理心，对别人的情绪也能感同身受。

正如看见别人开心，宝宝也会欢呼雀跃一样！

同理心不是坏东西，它是一切美德的源泉。

父母要擅于发现宝宝的同理心，引导同理心的发展，

培养善良、懂事的好宝宝。

那么，如何才能做到呢？

一个小火车故事，五个亲子游戏，给你答案与支持！

和宝宝一起往下看吧！

让宝宝做情绪的主人

 儿童心理教育专家 《父母必读》主编 徐 凡

情绪无论好坏，都伴随着人的整个生命旅程，每一种情绪都有着重要的生物学意义，对孩子的生存具有一定的贡献。在生活经验中，我们发现了一种现象：强烈的情绪，比如狂喜、暴怒、极悲，有可能使人的心智变得狭窄，因其过度调用身体资源，会对健康造成一定的伤害。还有一些情绪，比如羡慕或嫉妒，有的会给人带来动力，有的会伤害人与人之间的关系。

我们的心灵犹如一个容纳各种情绪的盒子，哪一种都不应该被排斥在外。家长需要做的就是帮孩子建立起管理这个盒子的心智体系。无论是正面情绪还是负面情绪，如果我们能帮孩子很好地认识它们、接受它们、管好它们，我们将看到一个情绪丰富、情感丰满的孩子在成长。

在这套书中，有一系列帮我们认识和调控消极的负面情绪，以及强化和放大积极的正面情绪的好方法，相信在亲子共读的过程中，父母和孩子都会有收获。

儿童心理咨询专家 北京友谊医院副主任医师 柏晓利

多年前，当我们还是孩子时，我们的情绪往往不被父母重视，有时我们会觉得委屈和压抑，甚至埋怨父母不懂自己。那时，我们更不懂得如何表达情绪，我们的童年经常受到坏情绪的困扰。现在，我们做了父母，开始知道，对孩子的情绪不能简单地用语言禁止、否定或者漠视，情绪需要用智慧来管理。这套情绪管理丛书，就是这样一套能帮助父母应对3岁~6岁宝宝情绪，弥补我们童年的缺失的丛书，是为宝宝成长助跑和为父母补课的好书。

这套丛书将情绪管理这一理论深入浅出，用3岁~6岁宝宝能理解的生动故事和充满童趣的语言，把人的最基本的情绪逐层解析，帮助父母和宝宝轻松地学会情绪管理，开启通往快乐、幸福人生的大门。

当您在给宝宝读这本书时，请您设想自己还是孩子时的感受，用孩子的视角来理解、接纳和管理宝宝的情绪。阅读这样一套丛书，您的宝宝会受益终生，而您自己将会是最大的受益者。

幼儿情绪管理互动读本

托比有颗善良的心

THOMAS & FRIENDS™

童趣出版有限公司编译　人民邮电出版社出版
北京

托比有颗善良的心

这是多多岛上潮湿又风大的一天，因为下了一夜的雨，到现在天空中还布满了乌云。不过，小火车们已经开始一天的工作了。

托马斯推着货车开过湖边火车站。火车站上落着很多小鸟，啾啾啾欢快地叫着，托马斯觉得它们的歌声非常动听。

这时，托马斯看见托比从他的机房里慢慢开了出来。"早安，托马斯！"托比说着，咔嚓咔嚓开走了。

奇怪！托比怎么湿乎乎的呢？托马斯朝托比的机房里仔细看了看。啊！原来机房的屋顶破了很多洞！

托马斯心里好难过，可怜的托比就这样淋了一夜雨吗？要是我淋雨的话一定会很难受，不行，一定要给托比换个新屋顶。

托马斯把这件事告诉了胖总管，胖总管立刻派他去帮托比修屋顶。一想到托比看见新屋顶时开心的样子，托马斯就很兴奋。

托比有颗善良的心

这时，托比开了过来，他要去接乘客。"嗨，托比，你要有个新屋顶了！"托马斯大声说。

可是，托比看起来一点儿也不开心。托马斯的好心情一下子全都不见了。"托比为什么不开心呢？"托马斯去接工人，一路上非常纳闷儿。

托马斯把工人们送到托比的机房。工人们开始拆卸旧屋顶，鸟儿们在四周叽叽喳喳，叫声越来越大。

　　托马斯去拉盖屋顶的木材。路上，他遇到了培西。培西说："看，我带什么去农场？一座新鸽房！""哇！真的好棒！"托马斯说。

"可是，为什么我帮托比换新屋顶，他却不开心呢？"托马斯觉得很疑惑。"或许他喜欢自己的旧屋顶。"说完，培西喷着烟开走了。

　　正在这时，托比从旁边开了过去。"托比，你马上就要有一个很棒的新屋顶了！"托马斯高兴地吆喝。可是，托比的眼睛里却充满了悲伤。

"托比为什么还是不开心？"托马斯的心情也变得很糟糕。"怎么才能让托比开心起来呢？"托马斯很想知道。

托马斯把木材送到托比的机房，新屋顶很快就修好了。托马斯真为托比高兴，他又可以在干燥又温暖的机房里睡觉了。

可是，托比看起来比以前更难过，悲伤得汽笛都发不出声音来了。"怎么了，托比？不喜欢你的新屋顶吗？"托马斯担心地问。

托比叹了一口气，"我喜欢有破洞的屋顶，因为小鸟可以从破洞飞进来做窝。现在，小鸟们没有家了。"说完，托比没精打采地开进了机房。

托马斯从来没有这样悲伤过，"那些鸟儿叫得多好听啊，要是再也听不到它们的叫声，托比该有多难过啊！"托马斯边走边想。

经过农场时，他看见培西拉来的新鸽房已经立在了院子里，鸽子们在鸽房四周咕咕地叫着。突然，托马斯有了个好主意：送给托比一个新鸟舍！

很快，一座新鸟舍立在了托比的机房旁，鸟儿马上飞了进去，啾啾地叫得好欢快。托比的脸上也终于露出了幸福的微笑。

托马斯也跟托比一起快乐起来。原来，世界上最大的幸福，是看到朋友快乐，最大的悲伤，是看到朋友难过啊！

 托马斯担心托比淋雨，想帮他盖新屋顶。可是，托比并不高兴，这是为什么？回答一个问题，就给自己贴一枚小火车勋章，加油把勋章都贴满吧！

小火车勋章

小火车勋章

小火车勋章

小火车勋章

1 托马斯看见托比的屋顶破了洞，他的心情怎么样？

2 托马斯想要怎么帮助托比？

3 托马斯帮托比盖新屋顶，托比为什么不高兴？

4 托马斯是怎么让托比高兴起来的？

妈妈小贴士 小火车勋章在第29页，请撕下来作为孩子回答问题的奖品，鼓励孩子回顾故事，让孩子明白，同理心就是关注他人，关心他人，对他人的遭遇感同身受，并能尽自己所能帮助他人。

有时候，我们也会像托马斯和托比一样，因为别人的难过而难过，就像下面这些小朋友。你有过这样的感觉吗？有的话，就在旁边贴上小星星！

牛牛把膝盖摔破了，他哭得很厉害，我也很难过。

老师严厉地批评丁丁，丁丁很紧张，我也好害怕。

医生给东东打针，我的屁股也痛痛的。

电视里的小朋友哭得好伤心，我也忍不住哭了。

妈妈找不到家里的钥匙了，我也好着急。

欣欣担心妈妈忘记来接她，我也好担心。

妈妈小贴士 请指导宝宝将29页的小星星贴到对应位置，帮助宝宝认识同理心带来的各种情绪，帮助宝宝摆脱坏情绪，也要抓住时机培养宝宝的善良品质。

宝宝爱心屋

 托比关心小鸟，托马斯帮助托比，他们都很善良哟，向他们学习吧！下面这些小朋友是什么情绪？用线连一连。谁需要帮助呢？把正确的方法贴到旁边吧！

笑笑的图画书不见了，她很____。

远远第一次见刘爷爷，他有点儿____。

害怕　　伤心　　高兴　　着急

媛媛摔倒了，她哭得很____。

牛牛用积木拼出高高的城堡，他好____。

妈妈小贴士　答案在第29页，请撕下来帮助宝宝完成游戏。让宝宝学会关注他人，学习观察他人的情绪，并用适当的方法帮助有需要的人。

爱心大迷宫

托马斯要去找雪山里的雕像，路上遇到好多需要帮助的朋友。如果他帮朋友，就得走插绿旗那条路；如果不帮，就要走插红旗那条路。帮还是不帮？托马斯该走哪条路？他能找到雪山里的雕像吗？小朋友，帮帮他，走走看！

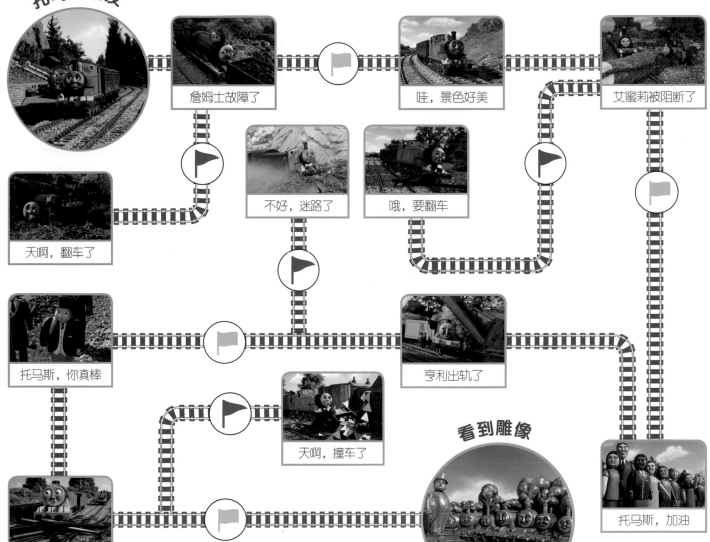

托马斯出发

詹姆士故障了

哇，景色好美

艾蜜莉被阻断了

天啊，翻车了

不好，迷路了

哦，要翻车

托马斯，你真棒

亨利出轨了

天啊，撞车了

看到雕像

托马斯，加油

高登遇险

爱心对对碰

因为托比有颗善良的心，他关心小鸟，托马斯也来关心他。所以，想要别人怎么对你，你就要怎么对待别人！把下面的轨道拼完整，让小火车开起来。再看图念文字，做个懂事的小宝贝！

| 我希望难过的时候有人抱抱我。 | 我喜欢小朋友把玩具给我玩。 | 我不喜欢被别人取笑。 | 我不喜欢别人对我发脾气。 |

妈妈小贴士 除了利用宝宝的同理心来培养善良的品格，让宝宝学会换位思考也同样重要。你希望别人怎么对待你，你就要怎么对待别人。这会让宝宝养成良好的心理状态与人际关系。

第24页 小火车勋章

第25页 小星星

第26页

我会帮笑笑一起找。

我会把她扶起来。

我会带他一起打招呼。

第28页

所以我也不取笑别人。

所以我也不对别人发脾气。

所以我把书分给别人看。

所以我也愿意抱抱别人。

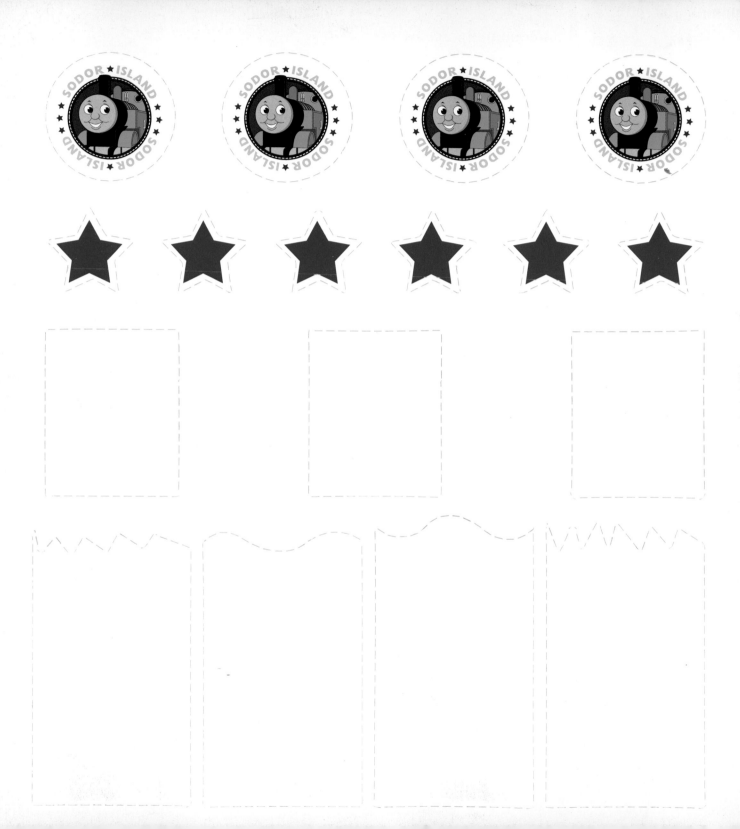

父母要擅于发掘宝宝的同理心，并加以引导。那么什么是同理心，同理心有什么外在表现呢？下面为您解开疑惑。

同理心是与生俱来的，但它不是永恒的，需要发掘和引导。如果同理心长期被忽视，它就会慢慢消失，这样很容易形成宝宝冷漠的性格，表现为缺乏同情心和爱心，容易被群体排斥。因此，发掘同理心并引导同理心向善良的方向发展至关重要。

同理心就是能够站在他人的角度，体会他人的情绪和想法，理解他人的立场和感受，察觉他人的期望和需求，能够换位思考，对他人的感觉感同身受。同理心不同于同情，同情是一种情感上的共鸣，多与怜悯相关。而同理心更多地是换位思考，即把自己放在他人的位置上，想他人所想，感他人所感，从而作为自己行为的参照。比如，宝宝看见别人哭自己也会哭，宝宝看见别人打针就会捂着自己的屁股，宝宝看见别人摔伤了膝盖就会摸摸自己的膝盖……这都是同理心的表现。

有同理心的宝宝，能够敏感地观察到他人的喜怒哀乐，发现他人的不同情绪。这样的宝宝也能及时检查自己的行为，表现出较高的纪律性。有同理心的宝宝在集体中更懂得去关心、体谅和包容他人，更愿意去帮助他人。有同理心的宝宝更愿意团队合作和奉献爱心，更容易形成良好的人生道德观。同时，有同理心的宝宝遇到问题不会轻易逃避，抗压能力也比较强。

现实生活中，很多父母担心宝宝太善良会被别人欺负，其实，善良不是软弱，也不是胆怯，而是一种爱别人的能力，设想他人处境的能力，规范自己行为的能力，克制自己冲动的能力。这都需要有一种强大内在力量的支撑，而善良正是这种力量之源，而同理心正是善良的种子。

您是不是已经发现宝宝善良的种子呢？那么，怎样利用同理心培养宝宝的善良品质呢？下面为您介绍几种方法。

Tip 1 在允许的情况下，让宝宝喂养小动物

善良多体现于对弱者的照顾和帮助，对于孩子来说，小动物无疑是最佳的施与对象。喂养小鸟、金鱼一类的小动物，能让宝宝对生命有初步的接触和认识，通过呵护幼小的生命，宝宝的情感会更细腻，胸怀更包容，更容易成长为一个善良的人。

Tip 2 教导宝宝懂得感恩

告诉宝宝，获得别人的施与或者帮助时，要懂得说："谢谢"，尤其对爸爸妈妈，更要懂得感恩。让宝宝明白，获得别人的关爱不是理所当然的事情。只有珍惜得到的爱，才能懂得付出爱的意义，宝宝才能更懂得感恩。心存感激的宝宝，更乐于帮助他人。

Tip 3 让宝宝学会为他人着想

教导宝宝转换立场，换位思考，练习把自己当做别人来思考。妈妈可以和宝宝做角色互换的游戏，妈妈扮作宝宝，乱扔东西，发脾气，不睡觉等等，让宝宝扮作妈妈来想办法。这样可以让宝宝体验到妈妈的辛苦，对他人能感同身受，逐渐学会为他人着想。

Tip 4 家长要为宝宝树立善良的榜样

家庭是宝宝的第一所学校，家长是宝宝的第一位老师，家庭教育是宝宝成功的关键。因此，父母要以身作则，以仁爱之心对待身边的事物。如果父母能带宝宝做一些好人好事，比如清扫小区里的积雪，给邻居帮帮忙等，让宝宝体验奉献的快乐，养成善良的品格。